Ich weiß was von der

Eisenbahn

Text von Norbert Golluch

Bilder von Helmut Kollars

Annette Betz Verlag

1835 – Die erste deutsche Eisenbahn

Die erste deutsche Eisenbahn fuhr am 7. Dezember 1835 von Nürnberg nach Fürth. Die Strecke zwischen den beiden Städten war sechs Kilometer lang. Die Lokomotive des Zuges kam aus England. Sie hieß »Der Adler« und zog neun Personenwagen. Der Zug war 30 km/h schnell und mancher fragte sich damals, ob Menschen solche Geschwindigkeiten überhaupt aushalten können. Für die Fahrt von Nürnberg nach Fürth brauchte der Zug 15 Minuten. Die erste Fernstrecke in Deutschland war die Eisenbahn von Leipzig nach Dresden. Sie wurde am 8. April 1839 eröffnet.

Der Bahnhof einer kleinen Stadt

1 Die Anzeigetafel
Hier steht groß der Name des Ortes.

2 Der Fahrplan
An dieser Tafel können die Fahrgäste ablesen, wann die nächsten Züge abfahren werden. Auch die Ankunftszeiten der Züge stehen dort.

3 Der Fahrkarten-Automat
Hier können die Fahrgäste ihre Fahrkarten für das Nahverkehrsnetz kaufen. Fahrkarten für den Fernverkehr gibt es drinnen im Bahnhof am Schalter.

4 Die Bahnsteige
Zwei Gleise durchqueren den Bahnhof. Jedes hat seinen eigenen Zugang, einen Bahnsteig, damit die Fahrgäste aus- und einsteigen können. Die Bahnsteige sind durch Zahlen oder Buchstaben bezeichnet.

5 Die Bahnhofsuhr
Fährt der Zug pünktlich ab?

**6 Die Gepäck-
   abfertigung**
Hier wird die Bahnfracht für
die Bürger der Kleinstadt
gelagert.

7 Der Parkplatz
Hier stellen die Pendler aus
dem Umland ihre Autos ab,
wenn sie morgens mit dem
Zug in die Großstadt fahren.

8 Der Nahverkehrszug
Dieser Triebwagen bringt
Menschen zur Arbeit oder
zum Einkaufen in die nahe
gelegene Großstadt.

Darf das Fahrrad mit?
In vielen Regionalzügen darf
ein Fahrgast sein Rad
mitnehmen. In Fernzügen
muss es als Bahnfracht in
den Gepäckwagen.

Das Eisenbahnnetz

Im **Stellwerk** wird der Zugverkehr geregelt. Die Weichen an den Eisenbahnstrecken werden elektronisch gesteuert und durch große Magnete bewegt. Wenn etwas nicht funktioniert, sieht es der Aufsichtsbeamte sofort. Wenn er das Problem nicht beheben kann, leitet er den Zugverkehr um oder stoppt die Züge. Streckenarbeiter werden verständigt und sehen vor Ort nach dem Rechten.

Die **Weiche** ist eine Abzweigung: Sie verbindet zwei Schienenstränge miteinander. An der Weiche entscheidet es sich, welchen Weg ein Zug fährt: geradeaus oder in eine andere Richtung.

Alle Schienenstränge sind mit Weichen verbunden. In den Stellwerken werden die Weichen ferngesteuert so geschaltet, dass der Zug die richtige Strecke fährt.

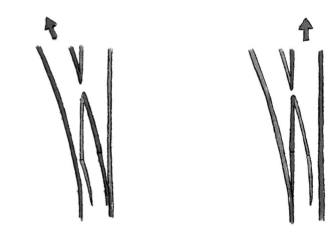

An dieser Weiche biegt der Zug ab.

Diese Weiche lässt den Zug geradeaus weiterfahren.

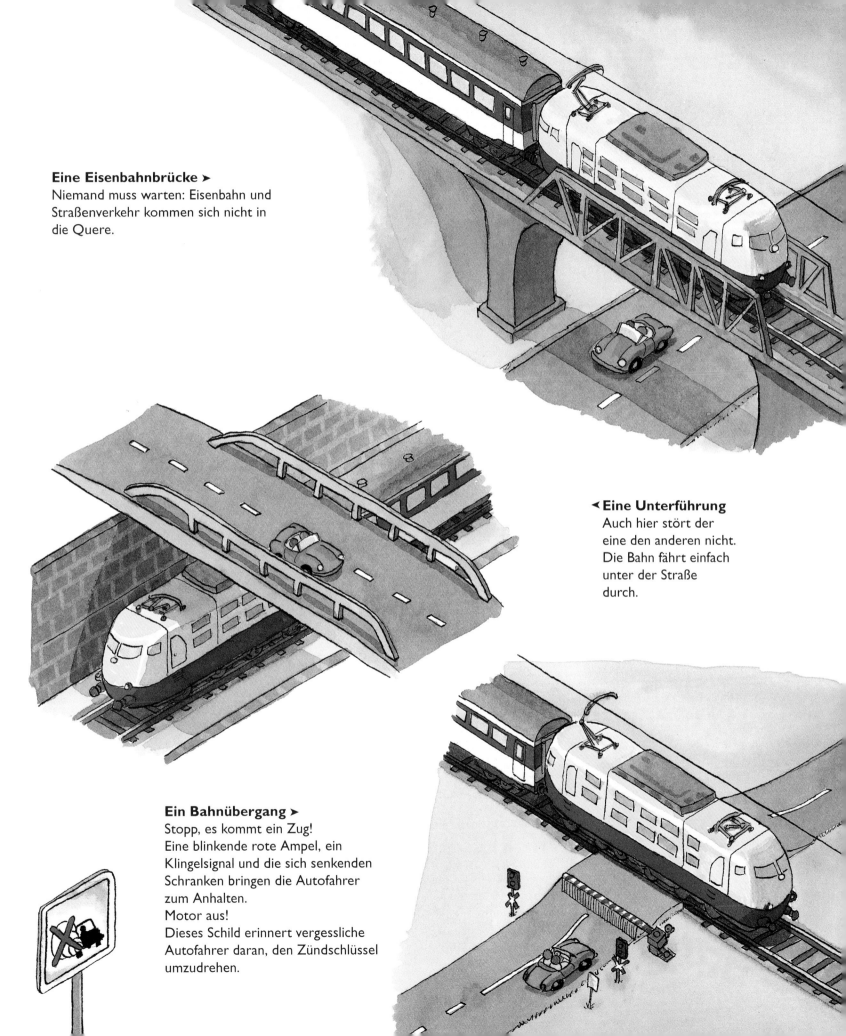

Eine Eisenbahnbrücke ➤
Niemand muss warten: Eisenbahn und
Straßenverkehr kommen sich nicht in
die Quere.

◄ Eine Unterführung
Auch hier stört der
eine den anderen nicht.
Die Bahn fährt einfach
unter der Straße
durch.

Ein Bahnübergang ➤
Stopp, es kommt ein Zug!
Eine blinkende rote Ampel, ein
Klingelsignal und die sich senkenden
Schranken bringen die Autofahrer
zum Anhalten.
Motor aus!
Dieses Schild erinnert vergessliche
Autofahrer daran, den Zündschlüssel
umzudrehen.

Sicherheit bei der Eisenbahn

Der Lokführer trägt eine große Verantwortung. Wenn er nicht aufpasst und zum Beispiel ein Haltezeichen (Signal) überfährt, kann es ein Eisenbahnunglück geben. Was, wenn er einschläft oder plötzlich ohnmächtig wird?

Damit dies nicht geschieht, gibt es zwei besondere Sicherheitssysteme:

Der sogenannte Totmannknopf

Wenn der Fahrer ihn nicht alle dreißig Sekunden drückt, wird er zunächst durch ein Klingelsignal daran erinnert. Drückt er ihn auch dann nicht, wird der Zug automatisch angehalten.

Die induktive Signalbeeinflussung (Indusi)

Ein Magnetschalter am Zug und ein weiterer auf den Schienen beeinflussen sich gegenseitig und sorgen so für mehr Sicherheit:
– Erst wenn der Zug den Magneten hinter dem Bahnübergang passiert hat, kann die Schranke geöffnet werden.
– Erst wenn der Zug auf der Hauptstrecke durchgefahren ist, gibt das Indusi-System dem Zug auf der Nebenstrecke freie Fahrt.

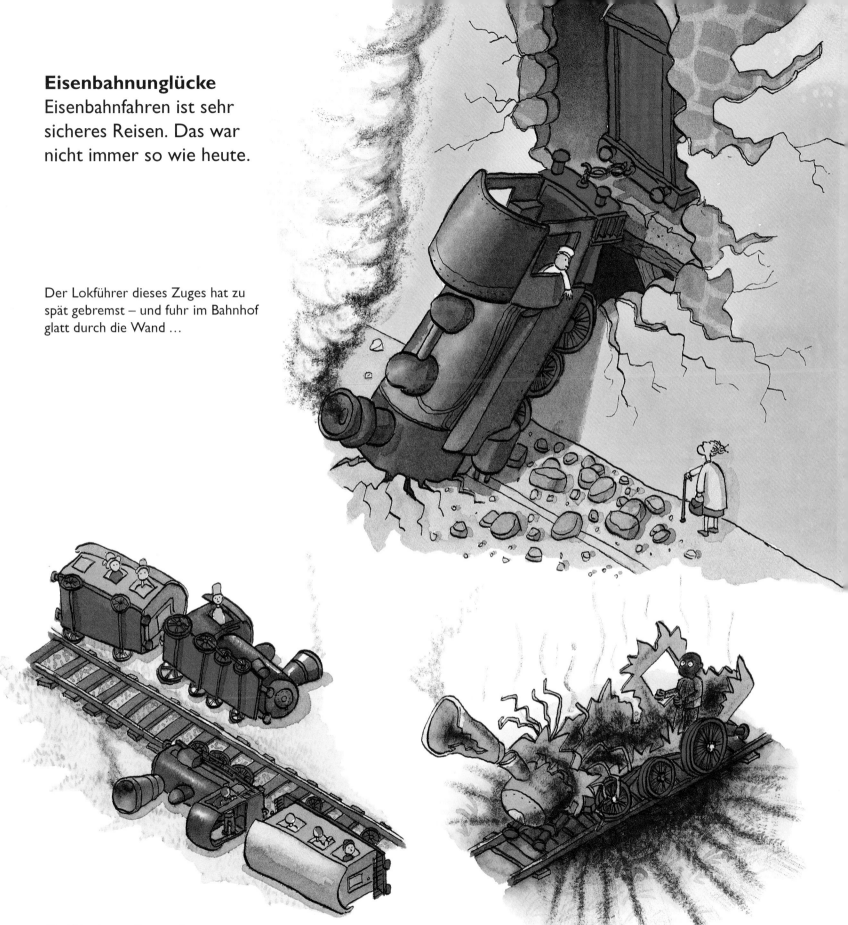

Eisenbahnunglücke

Eisenbahnfahren ist sehr sicheres Reisen. Das war nicht immer so wie heute.

Der Lokführer dieses Zuges hat zu spät gebremst – und fuhr im Bahnhof glatt durch die Wand …

Ein Weichensteller machte einen Fehler und zwei Züge stießen zusammen. Zum Glück sind die Fahrgäste wohlauf.

Diese indische Lokomotive hatte zu viel Dampfdruck. Sie ist einfach explodiert. Auch das kann bei einer Elektrolok nicht passieren.

Gute Aussicht für alle Reisenden

Im **Panoramawagen** kann man die Reise besonders genießen. Von jedem Sitzplatz aus haben die Fahrgäste einen guten Blick auf die vorüberziehende Landschaft.

Gute Fahrt – und gute Nacht!

In diesem belgischen **Schlafwagen** erreichen die Reisenden ihr Ziel im Schlaf. Jeder hat sein bequemes Bett und kann träumen. Währenddessen fährt der Zug durch die Nacht. So lassen sich auch weite Strecken mit der Bahn zurücklegen.

3 Die Gepäckaufbewahrung

Wer auf einen Zug warten muss und in der Zwischenzeit einen Bummel in die Stadt unternimmt, möchte sein Gepäck nicht mitschleppen. Deshalb kann er es hier abgeben oder in **Schließfächern** sicher für eine Weile unterbringen.

4 Das Bahnhofsrestaurant

Wenn der Hunger groß ist, hilft das Bahnhofsrestaurant. Hier können Fahrgäste gut essen oder bei einer Tasse Tee oder Kaffee auf ihren Zug warten.

5 Die Bahnhofsuhr

Niemand möchte seinen Zug verpassen. Deshalb zeigt sie immer genau die Zeit an.

6 Die Erste-Hilfe-Station

Sanitäter sorgen für verletzte oder ohnmächtige Besucher und Reisende.

Der Hauptbahnhof

Fahrgäste

Sie kommen aus vielen Ländern und sind Touristen oder Geschäftsreisende.

Obdachlose Leute

Sie haben keine Wohnung und übernachten gern in der Bahnhofshalle, wenn es draußen regnet oder kalt ist. In manchen Bahnhöfen werden sie geduldet, aus anderen hinausgeworfen.

1 Die Bahnsteig-Anzeige-tafel

Wann fährt auf diesem Bahnsteig der nächste Zug ab? Woher kommt er? Wohin fährt er?

2 Die Bildschirm-Anzeige

Wer auf diesem Bahnhof umsteigen will, sieht auf dem Bildschirm, wann und von welchem Bahnsteig die nächsten Züge abfahren.

Gute Fahrt – und guten Appetit!
Im **Speisewagen,** dem rollenden Restaurant des Zuges, lassen es sich die Fahrgäste schmecken. Köche und Kellner versorgen sie mit Speisen und Getränken.

Lokomotiven

Drei unterschiedliche
Kraftquellen setzen
Lokomotiven in Bewegung:
Dampfmaschinen, Diesel-
oder Elektromotoren.

Die Baureihe 01

Sie war eine der letzten
großen Dampflokomotiven.
Auf dem Führerstand
leisteten Heizer und
Lokführer harte Arbeit.
Von der Kohle, die der
Heizer in den Kessel
schaufelte, wurde nur jede
zehnte Schaufel zu
Bewegungsenergie. Neun
verpufften ungenutzt durch
den Schornstein.
Dennoch leistete die Lok
immerhin 2300 PS und zog
Personenzüge etwa
120 km/h schnell. Sie war
bis 1975 im Einsatz.

14 Die Anzeigetafel
Wie die Flüge auf dem Flughafen werden hier die nächsten ankommenden und abfahrenden Züge elektronisch angezeigt.

15 Der Gepäckkarren
Reisende haben viele Koffer. Auf diesem Wagen können sie bequem zum Zug oder zum Ausgang des Bahnhofs geschoben werden.

Ein Taschendieb
(Hast du ihn schon entdeckt?) Wo so viele Menschen sind, gibt es immer Leute, die andern etwas stibitzen wollen. Also Vorsicht: Geld und Wertsachen gut gesichert am Körper tragen!

16 Die Bahnhofs-mission
Sie helfen Kranken, Behinderten oder alten Leuten auf dem Hauptbahnhof.

17 Der Blumenladen
Frische Blumensträuße und Topfpflanzen zu jeder Tages- und Nachtzeit bietet dieses Geschäft. Viele Reisende bringen den Leuten, die sie besuchen, Blumen mit.

18 Die Leihwagen-station
Wer ins Umland der großen Stadt weiterfahren möchte, braucht vielleicht ein geliehenes Auto. Hier ist es zu haben – nur ein paar Schritte vom Zug entfernt.

11 Der Fahrkarten-Automat
Hier können die Fahrgäste ihre Fahrkarten für das Nahverkehrsnetz kaufen. Fahrkarten für den Fernverkehr gibt es am Fahrkartenschalter.

12 Der Fahrkarten-schalter
Hier gibt es Fahrkarten für den Fernverkehr, Monatskarten oder die Bahncard, mit der alle Bahnreisen billiger werden.

13 Der Fahrplan
Hier findet man alle auf diesem Bahnhof ankommenden und abfahrenden Züge.

7 Ein Verkaufsstand

Dieser »fliegende Händler« bietet Schmuck aus fernen Ländern an. Er hat diesen Platz gewählt, weil es am Bahnhof immer viele Leute gibt. Und: Reisende kaufen gern ein Andenken.

8 Der Treffpunkt

Es ist nicht so einfach, auf einem großen Bahnhof jemanden zu finden. Wer sich am Treffpunkt verabredet, hat es leicht.

9 Die Bahnpolizei

Die Beamten der Bahnpolizei sorgen für Ordnung auf dem Bahnhof. Sie helfen Reisenden und achten darauf, dass niemand zu Schaden kommt.

10 Die Bahnhofs-buchhandlung

Wer im Zug fährt, hat viel Zeit. Warum nicht ein Buch lesen? Die Bahnhofsbuch-handlung bietet eine große Auswahl an Büchern und Taschenbüchern.

Das »Krokodil«

Die schwere Güterzug-
lokomotive der Schweizer
Eisenbahnen verdankt ihren
Spitznamen ihrem Aussehen
und ihrer Farbe. Sie besitzt
zwei Fahrstände und kann
gleich schnell in beide
Richtungen fahren. Auch
enge Kurven kann sie
passieren, weil sie beweglich
konstruiert ist. Sie fährt
zwar nur 65 km/h schnell, ist
aber stark genug, um auch
schwere Güterzüge eine
Steigung hinaufzuziehen.

E 103

Diese Lok wird von der
Bundesbahn häufig
verwendet. Sie ist bis zu
250 km/h schnell.

Universallok E 120

Früher brauchte die Bahn für
jeden Zug eine andere Lok.
Eine Güterzuglok fuhr nicht
schnell genug für einen
Personenzug. Eine schnelle
Lokomotive war zu schwach,
um einen Güterzug zu

ziehen. Diese Lokomotive ist ein Kraftpaket mit 6000 PS, das überall eingesetzt werden kann. Sie bewegt Intercity-Züge mit 200 km/h oder zieht einen Güterzug mit 100 km/h über die Alpen. Sie zieht einen Nah-

verkehrszug ebensogut wie einen schweren Erzzug mit 2000 t Gewicht. Eine Elektronik regelt die Leistung ihres Motors. Und sie spart Strom: Wenn der Lokführer bremst, leitet die Lok Strom in den Fahrdraht zurück.

Eine Diesellok V100
Diese Lok wird für den Rangierdienst und den Nahverkehr eingesetzt. Auch sie kann gleich schnell in beide Richtungen fahren. Wegen ihres Dieselantriebs ist sie auch auf nicht

elektrifizierten Neben-strecken einsetzbar.

Fantasie-Lokomotiven
Solche Lokomotiven gab es nie wirklich – eigentlich schade. Sie entstammen der Fantasie eines Künstlers.

400 km/h – das Tempo der Zukunft

Der **ICE,** der InterCityExpress, bringt seine
Fahrgäste in wenigen Stunden von Großstadt zu
Großstadt. Für die Strecke von Hamburg nach
München braucht er nur wenig mehr als sechs
Stunden. Zwei Triebköpfe (Lokomotiven)
bewegen den Zug: Einer zieht, ein zweiter
schiebt am hinteren Ende.
Der Zug hat klimatisierte Wagen: Auch im
Hochsommer ist es darin angenehm kühl.
Es gibt Großraumwagen mit Sitzplätzen wie in
einem Flugzeug, aber auch abgeschlossene
Abteile.
Im Zugrestaurant können die Fahrgäste essen
und trinken, während der Zug durch die
Landschaft rast. In Schlaf- oder Liegewagen
finden sie bei Nachtfahrten Ruhe.
Für Geschäftsreisende gibt es im Zug
Konferenzräume. Sie können vom Zug aus
sogar telefonieren und faxen.

Der **Transrapid** ist doppelt so schnell wie ein
Auto, halb so schnell wie ein Flugzeug – so
könnte der Eisenbahnzug der Zukunft aussehen.
Der Transrapid ist eine Magnetschnellbahn. Er
schwebt etwa 1 cm über einem Schienenstrang
auf einem Magnetfeld.
Bewegt wird der Zug von einem sogenannten
Linearantrieb. Dies ist ein Elektromotor
besonderer Art: Ein Teil des Motors befindet
sich am Zug. Den anderen Teil stellt sozusagen
die Schiene dar: ein magnetisches Wanderfeld
in der Schiene zieht den Zug voran – bis zu
500 Kilometer pro Stunde schnell.

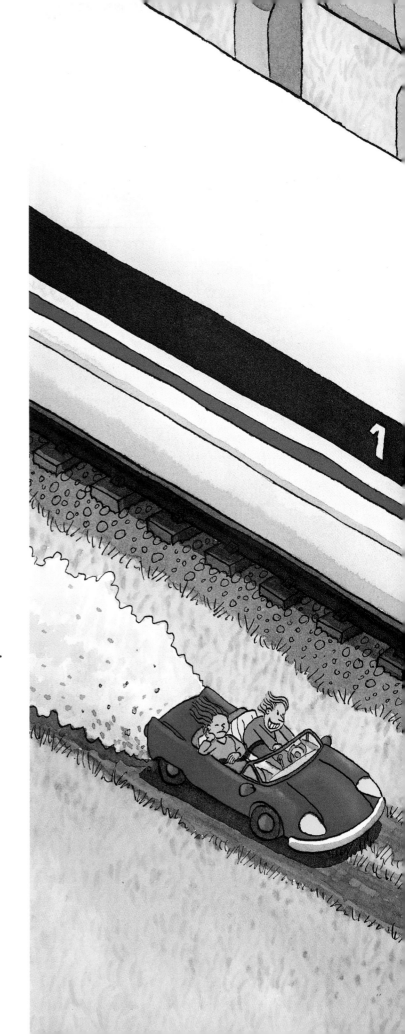

Güterverkehr mit der Bahn

Viele verschiedene Güter reisen mit der Bahn. Für jedes Transportgut gibt es geeignete Güterwagen.

1 Der Kühlwagen

In diesem Wagen werden leicht verderbliche Güter (meist Lebensmittel) auf dem ganzen Transportweg frisch gehalten.

2 Der Druckkesselwagen

Durch Druck verflüssigte Gase können in diesem Spezialwagen transportiert werden.

3 Der Containerwagen

Ein ganzer Transportcontainer wird auf den flachen Eisenbahnwagen aufgesetzt. Am Zielort kann er auf einen LKW umgeladen werden oder mit Schiff oder Flugzeug weiterreisen.

4 Der Holztransporter
Auf diesen flachen Wagen werden Baumstämme mit Ketten befestigt.

5 Der Autotransporter
Bis zu acht Autos rollen auf diesem Wagen zu ihren neuen Besitzern.

6 Der flache offene Güterwagen
Auf ihn können verschiedene Frachtgüter verladen werden. Hier sind es Fässer mit Motoröl.

7 Der Kesselwagen
In diesem Tankwagen rollen viele tausend Liter Benzin über die Schienen.

8 Der Erzwagen
Dieser Wagen ist besonders leicht zu beladen (von oben unter einer Schüttanlage) und kann durch die seitliche Schütte ebenso leicht wieder entladen werden.

Eisenbahnen in der ganzen Welt

Überall in der Welt verkehren Eisenbahnzüge. Aber in jedem Land ist es anders, mit der Eisenbahn zu fahren. Hier nur einige Beispiele:

Kenia

In vielen armen Ländern Afrikas gibt es nur wenige Eisenbahnstrecken und die Züge sind immer überfüllt. Oft werden sie von altertümlichen Dampflokomotiven gezogen, die aber immer noch brav ihren Dienst tun.

Frankreich

Die schnellsten Personenzüge Europas fahren auf französischen Schienen. Mit über 500 km/h sind sie weit schneller als jedes Auto.

Kanada

Wie in anderen sehr großen Staaten ist die Eisenbahn in Kanada ein wichtiges und preiswertes Verkehrs- und Transportmittel. Besondere Hindernisse beim Streckenbau waren die mächtigen Bergmassive. Sie wurden mit kunstvollen Brücken- und Tunnelkonstruktionen überwunden. Sogar spiralförmig nach oben gewundene Tunnel gibt es: Während der letzte Wagen eben in der Tunneleinfahrt verschwindet, erscheint die Lokomotive bereits wieder an der höher gelegenen Tunnelausfahrt.

Fidschi-Inseln

Sogar auf den Fidschi-Inseln im Pazifik gibt es ein 700 Kilometer langes Eisenbahnnetz, das zum Transport von Zuckerrohr benutzt wird. Ganz so klein wie die Inseln auf dem Bild sind die Fidschi aber nicht.

Japan

Über eine Million Menschen fahren täglich mit dem über 200 km/h schnellen Shinkansen-Express von Tokio nach Osaka und zurück. Ein Gedränge in den Bahnhöfen gibt es dennoch nicht, denn die Fahrgäste warten in geordneten Schlangen. Würden sie alle mit dem Auto fahren, käme in dem dicht besiedelten Land jeder Straßenverkehr zum Stillstand.

Russland

Die Eisenbahn ist in dem riesigen Land zugleich Verkehrs- und Transportmittel. Die längste Linie ist die Transsibirische Eisenbahn, mit der man den ganzen asiatischen Kontinent durchqueren kann. Die Reisenden befördern neben ihren Koffern oft auch für uns ungewöhnliche Güter: Möbelstücke, lebende Tiere wie Ziegen und Hühner oder Gemüse für ihren Marktstand. In so einem Zug ist immer etwas los …

Die Deutsche Bibliothek - CIP-Einheitsaufnahme

Golluch, Norbert:
Ich weiß was von der Eisenbahn/ Norbert Golluch.
Ill. von Helmut Kollars. – Wien ; München : Betz, 1998
ISBN 3-219-10729-X

Vielen Dank an Klaus Zöll, Leverkusen, für die Informationen
aus seiner Eisenbahnsammlung sowie an das Bildarchiv der Deutschen Bundesbahn.
Ein herzliches Dankeschön auch dem Modellbaugeschäft Suskopf, Wien,
das dem Illustrator zahlreiche Lok- und Wagenmodelle zur Verfügung gestellt hat.

B 0820/1
Umschlag und Illustrationen von Helmut Kollars
Copyright © 1998 by Annette Betz Verlag
im Verlag Carl Ueberreuter, Wien – München
Printed in Austria
357642